Zemmour/Macron

La confrontation

Sébastien Bérard

Zemmour/Macron
La confrontation

Pamphlet

Édition : BoD – Books on Demand,
12/14 rond-point des Champs-Élysées, 75008 Paris
Impression : BoD - Books on Demand, Norderstedt,
Allemagne

ISBN : 978-2-3223-9276-6
Dépôt légal : Février 2022

Le changement climatique est l'un des plus grands défis de notre temps. Peu importe où nous vivons, nous partageons la même responsabilité : Rendez à notre planète sa grandeur ! [Make the planet great again].

Emmanuel Macron

Le problème majeur c'est le Grand Remplacement, c'est-à-dire le remplacement d'une population par une autre, d'une civilisation par une autre.

Eric Zemmour

Pour ceux à qui la culture française signifie encore quelque chose

Pour les Gaulois réfractaires

Pour ceux qui ne sont rien

PREFACE

« Si riche de cœur et si pauvre de patrimoine »

Le maître des horloges sait-il son temps compté ? On peut se permettre d'en douter… Le 10 avril prochain, s'il en va bien sûr ainsi de sa volonté, notre bon Jupiter remettra son trône en jeu pour un second et dernier mandat. Certains des gens de son peuple sortiront alors, masqués et vaccinés, pour exercer leur immense pouvoir tutélaire en choisissant un nom sur un bulletin. Les uns rejoindront le bureau de vote en roulant au diesel, les autres en traversant simplement la rue. Ainsi va la vie, ainsi vont les désœuvrés.

A l'heure où nous écrivons ces lignes, Emmanuel est encore en train d'affiner sa stratégie marketing de différenciation pour déterminer quel sera le nouveau produit politique de cette campagne publicitaire. Les cerveaux les plus brillants tournent à plein régime, dont ceux des cabinets externes, américains principalement, ceux qui ne donnent pas leur temps. Nous n'affirmons pas ici qu'ils travaillent présentement pour sa réélection, dans un échange de bons procédés : les entourloupes, ce n'est vraiment pas le genre de la maison… Il n'y a eu aucune mise en examen dans l'entourage exemplaire d'Emmanuel dans un passé proche (c'est-à-dire pas depuis le 3 février 2022).

Finalement, après autant d'effroyables tempêtes, Covid-19, gilets jaunes, Benalla, fête de la Musique, doigt d'honneur, Emmanuel ne termine pas son mandat si marqué que cela, du moins physiquement. La somme des peurs et des frustrations ne s'est pas additionnée sur son auguste visage. C'est que notre ami sait prendre de la hauteur, peu importe que nous soyons ou non en guerre. Il sait aussi prendre le large, au bon air de Brégançon, ce qui explique, en même temps, son teint hâlé. Teint hâlé qu'il contemple et examine chaque matin en se rasant. Bien sûr, Emmanuel n'est pas un paquet de lessive, mais le packaging se doit d'être parfait. C'est la fraîcheur du gendre idéal qui lui permet d'engranger les voix des seniors nostalgiques, ceux-là mêmes qui proclamaient la liberté en 68, qui composent 40% de son socle électoral et qui pourraient supporter que la moitié de la planète s'embrase du moment qu'on ne touche pas à leurs retraites. Sa mue faite en plein direct quand il éructait son projet en 2017, Emmanuel a su devenir pour eux le bon père de la nation. Ce qui est donc possible sans enfants.

Une réélection d'Emmanuel en avril signerait une performance tout à fait remarquable. Car aucun président de la Ve République n'a réussi pareil exploit hors période de cohabitation, si tant est qu'on puisse considérer Jean Castex comme un allié. Dans ce genre de situation, les Français ont souvent eu tendance à choisir l'alternance. Pour ne remonter qu'à 2012 : Sarkozy-Hollande (hystérie contre normalitude), puis Hollande-Macron (homme normal contre divinité), puis Macron-Zemmour (?) (logique du en même temps contre logique d'ancrage).

Mais pour l'heure, avec le confinement mental des médias qui le placent systématiquement au-dessus des partis depuis des mois et le niveau inqualifiable de médiocrité de ses opposants, le questionnement d'Emmanuel est tout autre. Il se demande surtout, et cela ne manque pas de le mettre dans une humeur exécrable, comment il est possible qu'il ne soit pas en position d'être élu dès le premier tour. Ce qui l'expose à adopter une nouvelle fois une posture de joyeux triste à la Rotonde. Il considère cela comme une insulte à son talent combinée à une ingratitude de celles et ceux qui n'ont pas compris qu'il avait sauvé plusieurs fois le pays du chaos. Mais après tout, on a bien botté le cul du Général en 69. Sans vouloir manquer d'empathie ou de bienveillance, ces réfractaires sont décidément une sale engeance. Que ce pays serait beau sans ceux qui l'ont fait naître…

Et dans l'hypothèse où une guerre chaude ne viendrait pas gonfler artificiellement ses suffrages d'ici avril, il devrait très probablement avoir à se colleter en débat avec un profil atypique, une bête à la Jules Verne qui remonte des profondeurs : Eric le branlant (dans le sens de sa démarche frénétique, instable, mal assurée). Polémiste, nationaliste, misogyne, ancien journaliste, il cumule les tares. Un personnage d'un autre âge, perdu dans l'histoire et parlant comme un livre. UnTikTokable. Un personnage aimant la France, comme si cela pouvait constituer un programme. Un personnage infréquentable, réceptacle des rancœurs, accélérateur des passions tristes et n'osant pas penser printemps. En un mot, l'inverse d'Emmanuel : il n'a donc aucune chance de l'emporter.

Durant l'entre-deux-tours, et puisque c'est celui qui tombe qu'il faut encore pousser, l'idée sera de le disqualifier, non pas en allant en pèlerinage à Oradour-sur-Glane (bien que Judas aussi était juif) mais plutôt en évoquant la sinistre proximité d'Eric avec l'infâme ours russe qui est en train de dépecer l'Ukraine avant de s'attaquer aux restes de l'Europe si nous n'y prenons pas garde. Il sera affublé du nouveau surnom d'Eric le soviet. Et il sera régulièrement rappelé que les soviétiques ont encore plus de sang sur les mains que les nazis. Les chiffres donneront raison à Emmanuel sans qu'il n'ait à trop forcer l'argumentaire. L'idée demeure de dépenser le moins d'énergie possible pour une victoire acquise, l'extension de son pouvoir et ses nouveaux intérêts étant désormais hors des frontières.

Alors évidemment, cette analyse et le scénario pour les prochaines semaines produit ci-dessus peuvent paraître caricaturaux. L'espoir n'est pas perdu que finissent par naître des échanges constructifs entre les candidats, le pire n'est jamais certain. En attendant, Sébastien Bérard livre au travers de l'ouvrage que vous tenez entre les mains une tentative de relever le débat en mettant en évidence les visions totalement incompatibles des deux candidats susceptibles d'être finalistes le 10 avril. L'eau et l'huile, la modernité et la tradition, le mouvement et l'immobile : voici brillamment développées, au travers d'une interview fictive, les idées fortes de deux irréconciliables.

Marianne Serfa

Introduction

Enfant déjà, on l'appelait le petit roi. Passé l'âge de raison, sa maîtresse femme pourvut à son éducation, et lui apprit à manier la langue. Élève assidu malgré son zozotement, elle en fit un homme à force de caresses exclusivement. Aussi, ils n'eurent pas d'enfants.

En attendant son destin qu'il savait fameux, il jouait au théâtre, loin de ceux qui ne savent rien. De son berceau jusqu'au palais, la pauvreté lui fût toujours inconnue. Alors, pourquoi irait-il courir au secours des pauvres ? D'autant plus qu'ils votent mal, quand ils ne s'abstiennent pas de voter.

Le petit roi comprit très tôt que la richesse matérielle est le plus grand des biens. Un passage chez les Jésuites n'y changeât rien. La bonne parole s'était évaporée. Un seul culte était louable : rendre hommage au dieu Argent. Il voulut donc faire fortune et devint banquier d'affaires, avant de se mettre en marche sur le chemin du pouvoir.

Un jour, il se promenait dans une filature. Au milieu du bruit et de la sueur, des femmes cousaient et tissaient de belles étoffes, treize heures par jour. « Qu'elles sont maigres et mal vêtues » dit le petit roi, écœuré. « Majesté, ces femmes travaillent dur pour fabriquer vos habits de soie ». « Si au moins elles savaient lire. Ces gens-là ne connaissent rien à la science économique. » Le soir, tandis qu'on lui ôtait ses souliers vernis, il pestait d'avoir marché parmi ces gens qui ne valent rien et qui n'ont pas envie de devenir milliardaires. En apprenant plus tard qu'une des femmes perdit son travail et, pour nourrir ses enfants, alla offrir le seul bien qui lui restait, notre amoureux des belles lettres s'esclaffa : « dans un bordel ? »

Ses rares paroles de bonté, il les adressait à son chien. Lucide, le petit roi savait que s'il avait redonné une santé prospère à ses nouveaux disciples, son chien ne mordrait jamais la main. Aussi, il avait prévu pour le cabot une place au cimetière des chiens car, c'est bien connu, les chiens des pauvres n'y entrent pas.

Chapitre I

Lorsque je suis entré dans le bureau d'Emmanuel Macron, j'étais persuadé que j'allais rencontrer le huitième président de la Vème République française. En moins d'une minute, je fus convaincu du contraire. Cela faisait plusieurs mois que j'essayais de le rencontrer. Contrairement à François Hollande qui s'entretenait des heures avec les journalistes, Emmanuel Macron les fuyait. Après de multiples tentatives, je réussis enfin à décrocher un entretien le dimanche 30 avril 2017. Mon éditorial publié suite à sa qualification au second tour de l'élection présidentielle l'avait, paraît-il, passablement agacé. Et attisé sa curiosité pour me rencontrer.

Le fanfaron

Dimanche 23 avril 2017. Pas encore élu, juste qualifié. Pourtant, Emmanuel Macron avait quelque chose à fêter : la qualification du Front National au second tour de l'élection présidentielle, pour la deuxième fois dans l'histoire de la cinquième République. La conséquence inévitable de cinq années de gouvernement socialiste. Ce fut le cas avec Jospin, et maintenant avec Hollande. L'histoire se répète, inlassablement. Seuls les acteurs changent.

A l'annonce d'un tel résultat, un candidat respectueux de la France et de lui-même aurait fait preuve d'un minimum de retenue. Mais pas Emmanuel Macron, qui a choisi de dîner à la Rotonde. Le lieu n'a pas été choisi au hasard. François Hollande y avait déjà célébré sa victoire à la primaire socialiste. On le voit bien, Macron incarne le renouveau.

A l'origine, la Rotonde était un bistrot ouvrier. Pourtant, ce ne sont pas les ouvrières bretonnes que l'ancien ministre avait qualifiées d'illettrées que l'on pouvait croiser, mais le gratin, l'élite, tout ce que la France compte de grands penseurs et de bien-pensants. Macron, objet de toutes les critiques durant la campagne, fait désormais l'objet de toutes les attentions de ces lèches-bottes professionnels, de gauche à droite, qui perdent leurs âmes pour un plat de lentilles. Et tous ces terroristes de la pensée, de dire que si l'on ne vote pas Macron, on fait le jeu du FN. La chasse aux sorcières est donc lancée. Il est vrai, la menace gronde. La démocratie est en danger. Et c'est bien ce sentiment de peur qui était palpable, ce soir-là, à la Rotonde, sur toutes ces têtes qui festoyaient et se félicitaient.

La France n'a jamais été aussi divisée, clivée. Mais ils ne voyaient rien, et ils continuaient de danser en haut du volcan. Brigitte, se croyant à la Coupole, avait commandé un lait fraise. Emmanuel, quant à lui, était aussi euphorique que la Bourse qui a salué la performance de l'ancien banquier. L'éruption est pourtant proche. Et si elle n'a pas lieu dimanche prochain, elle aura lieu dans cinq ans. Mais bon, on ne va tout de même pas en faire un plat.

Dans une semaine a lieu le second tour de l'élection présidentielle française. L'américanisation touchant tous les pans de la société, notre mode de scrutin ne fait plus exception avec l'organisation de primaires au sein des deux principaux partis politiques. Les candidats sont avant tout jugés à l'aune de leur présupposée probité morale. Comme dit le proverbe : plus le singe monte haut, plus il montre son derrière. Aussi l'expérience et la compétence ne sont plus de rigueur. Ce qui importe, c'est la propreté du derrière, passé au peigne fin par des experts de tout poil. L'analyse des programmes n'a pas d'importance, puisque l'on compte les casseroles.

Dans cet environnement où seule l'image compte, un pseudo télévangéliste aux yeux bleus a fait son apparition : Emmanuel Macron, qui a déclaré que c'était une erreur de penser que le programme était le cœur d'une campagne. Il ouvre les bras en croix et s'égosille devant la foule qui vient voir ce phénomène de foire débitant des lieux communs de manière prétentieuse, criant des "je vous aime" avec sa voix qui déraille et prenant des poses christiques lors de ses meetings d'où se dégage une ambiance de rassemblement religieux. La politique, d'après lui, est un style, une magie. Après tout, son mentor François Hollande, en sa qualité d'illusionniste en chef, a bien réussi à faire croire qu'il serait un président exemplaire. Avec le résultat que l'on connaît. Alors pourquoi Macron ne serait-il pas président, après tout ?

Chapitre II

Emmanuel Macron, encore inconnu des Français il y a cinq ans, apparaît en pleine lumière médiatique en 2014 en devenant ministre de l'Économie. Il avait choisi de conseiller François Hollande qui était nul en économie, plutôt que Dominique Strauss-Khan qui prétendait tout savoir et auprès duquel il n'avait pas de carte à jouer. Ses deux principaux faits d'armes en tant que ministre sont l'autorisation du rachat de la branche énergie d'Alstom par l'entreprise américaine General Electric (qui se traduisit quelques années plus tard par une saignée sociale) et la libéralisation du marché des autocars.

Emmanuel Macron effectue une partie de sa scolarité à la Providence à Amiens. Originaire d'une famille de médecins vivant dans une confortable maison rue Gaulthier-de-Rumilly, au cœur du paisible quartier d'Henriville, Emmanuel se découvre des talents de comédien et décide tout naturellement de faire de la politique. Sa professeure de théâtre, ébahie par ce jeune et sémillant élève, tombe en pâmoison, persuadée qu'aucune autre femme ne lui aurait convenu. Une femme d'expérience, une femme de réseaux, capable de le soutenir comme elle le soutient, de l'aimer comme elle l'aime. Comme s'il pouvait y avoir un âge pour aimer. Emmanuel séduit, a de l'ambition et est prêt à tout pour faire carrière. On le compare à Rastignac. C'est oublier que Rastignac a épousé la fille de sa maîtresse. Il quitte ses fonctions de ministre en 2016 pour créer son parti politique, entouré d'une jeune garde ambitieuse et talentueuse. Des esprits aussi affûtés que les lames les plus aiguisées du tiroir, au rang desquels on compte Benjamin Griveaux, Christophe

Castaner, Sibeth Ndiaye, sans oublier Richard Ferrand et Jean-Paul Delevoye. Une brochette de têtes bien faîtes et aux mains propres.

Emmanuel Macron incarnait le changement. On l'avait pourtant attendu de la part de François Hollande. Mais c'était peine perdue. François Hollande avait déçu. Durant son mandat, une seule réforme majeure y a vu le jour : le mariage pour tous. Qui a conduit à un profond divorce avec les Français. L'actuel hôte de l'Élysée allait finir son quinquennat comme il l'avait commencé. Sous la pluie. Un dernier hommage rendu à ses concitoyens qu'il aura également rincés par un matraquage fiscal de grande ampleur. Quelques mois seulement après son élection, un signe prémonitoire aurait dû nous mettre la puce à l'oreille. Normal Premier en slip de bain avec Valérie, la femme de sa vie. Et bien maintenant ça y est, les Français y sont, en slip. Ils pensaient avoir élu un président socialiste, un adversaire de la Finance, un homme proche du peuple. De la trempe d'un Laurent Fabius qui, alors Premier ministre (et bien avant de confesser son amour des carottes râpées), allait chercher ses croissants en pantoufle. François, lui, les amenait à sa dulcinée en scooter. Rue du cirque évidement, quoi de plus normal pour un éléphant socialiste qui trompe énormément. Le seul mérite de François Hollande a été de faire oublier la Rolex de son prédécesseur, en la remplaçant par un solex.

Président exemplaire, il a nommé Jérôme Cahuzac responsable de la lutte contre la fraude fiscale. Autant dire qu'il avait confié les clefs de la cave à un alcoolique. Circonstance atténuante, l'ex-ministre savait que François n'aimait pas les riches. Il avait donc planqué son magot en Suisse. Par souci d'égalité et jamais avare d'un bon mot,

Hollande se moquait aussi des plus pauvres. La critique étant relativement aisée, les sans-dents pouvant difficilement mordre.

Monsieur petite blague a alors déclenché de nombreux conflits à travers le monde, afin d'asseoir son autorité et laver l'affront infligé par Leonarda. Moi président, on allait voir ce qu'on allait voir. Eh bien, on a vu. Les guerres se sont enchaînées : Mali, Irak, Syrie, et les victimes d'attentats du terrorisme en France se sont multipliées (Bataclan, Charlie Hebdo...). Il avait promis le redressement économique : le chômage, les impôts et la dette ont augmenté. Il avait promis une France apaisée et moins clivée : près de huit millions d'électeurs ont voté Front National. La France était déjà un grand corps malade. Il l'aura achevé. Tout comme le Parti socialiste, grâce à Macron, son Frankenstein politique. Entre les deux, ce ne sera pas une passation de pouvoir, mais un passage de témoin.

Chapitre III

Cela fait plus de trente minutes que je patiente dans le salon du QG de campagne rue de l'Abbé Groult dans le 15ème arrondissement. Sur une table devant moi sont posés des journaux. Le déplacement savamment orchestré d'Emmanuel Macron à Oradour-sur-Glane fait la Une. En lisant entre les lignes, le message subliminal est: « si j'affiche mon antinazisme, c'est que mon adversaire l'est forcément. » La menace était fantôme, mais il fallait que tout le monde vote des deux mains pour le produit marketing de l'année. Après s'être fait tailler plusieurs costards, son principal opposant de droite était mal en point. Aussi il paraissait évident que Macron allait remporter l'élection. La presse étrangère ne tarissait pas d'éloges à son égard, usant et abusant de la même rengaine sur la démocratie en danger si son adversaire venait à être élu.

Sibeth Ndiaye vient à ma rencontre, le téléphone vissé à l'oreille. Elle travaille pour lui depuis sa nomination à Bercy. Elle raccroche après quelques minutes et, sans s'excuser de son retard, me conduit promptement dans le bureau du « chef ». Au détour d'un couloir, nous croisons Gérard Collomb, l'un des premiers à avoir cru en Macron. Le jour où il décidera de le quitter, si ce jour devait arriver, il annoncera la fin de la Macronie. Plusieurs « helpers », le nom donné aux jeunes bénévoles dans le langage macronien, déambulent en trombe. Raffolant des anglicismes comme leur candidat fétiche, ces bobos hirsutes parlent le franglais. Une sorte de code entre jeunes prépubères ressemblant à des avatars évoluant dans un nouveau monde virtuel, déconnecté du monde réel.

Devant nous se dresse un imposant garde du corps, surveillant la porte comme si c'était le pucelage de sa fille.

- C'est bon Alexandre, c'est le journaliste pour l'interview.

Alexandre me toise d'un regard méfiant. Il paraît jeune pour un responsable de la sécurité, mais il a, paraît-il, la confiance et l'affection du « boss ». Je me disais qu'un jour, cela finirait sans doute mal. Quand un premier de cordée s'acoquine à un second couteau, la chute peut être brutale. Sibeth m'avait demandé une liste de questions la veille, afin qu'« Emmanuel ait le temps d'y réfléchir ». Puis, finalement, elle m'avait demandé de ne retenir que quatre questions. Alors j'ai écrit quatre questions.

Que ferez-vous pour les pauvres quand vous arriverez au pouvoir ?
Comment comptez-vous gouverner ?
Quelle est votre vision de la France ?
Quelle est votre vision de l'immigration ?

<h1 align="center">Chapitre IV</h1>

Macron paraît fatigué. On dirait que quelque chose, ou quelqu'un, l'a contrarié. Lorsqu'il parle, on constate une absence de clignement des paupières, comme chez un enfant qui récite une poésie. Rasé de près, il a des yeux bleus expressifs. Il arbore un sourire qui peut à la fois le rendre charmeur et narquois. Le « en même temps » macronien en quelque sorte. Mais c'est surtout son visage qui retenait toute mon attention. Il renvoyait une image lisse, sur laquelle les électeurs pouvaient voir ce qu'ils voulaient. Chacun pouvait y projeter ses propres opinions, et c'est sans doute cela qui expliquait l'attrait pour cet homme providentiel haut perché, et si éloigné des considérations du bas peuple.

Que ferez-vous pour les pauvres quand vous arriverez au pouvoir ?

Je vis immédiatement à son regard qu'il trouvait ma question sans intérêt. Il savait qu'il n'avait pas l'appui des pauvres car les pauvres ne votent pas et, quand ils votent, ils votent mal. Pourtant, je considérais ma question comme légitime. Le nombre de pauvres augmentait chaque année de manière considérable. Mais comme ils n'avaient pas la force de protester, ils étaient considérés comme des invisibles.

La lutte contre la pauvreté ne consiste pas seulement à permettre aux personnes fragiles de subsister. Vous le savez, je suis contre l'assistanat qui empêche les pauvres de devenir acteurs de leurs vies. L'assistanat est contre-productif et ne fait qu'encourager la fainéantise.

On ne va pas se mentir : on met un pognon de dingue dans les minimas sociaux, et les gens sont quand même pauvres. Je ne veux pas qu'on fasse un plan pour que les gens pauvres vivent mieux pauvres, je veux qu'on leur donne le choix de ne plus l'être. Je fais tout cela pour les responsabiliser, leur sort est entre leurs mains, et s'ils ne traversent pas la rue pour trouver un job, alors je n'y suis pour rien. Moi si j'étais chômeur, je n'attendrais pas tout de l'autre, j'essaierais de me battre d'abord. Le problème en France, c'est qu'il y a trop de gens qui pensent que le summum de la lutte, c'est 50 euros d'APL, ces gens-là ne savent pas ce que c'est que l'histoire de notre pays. Mais je sais aussi que s'il y a trop de pauvres, ils risquent de prendre le pouvoir, et les riches partiront au Liechtenstein, à Monaco ou en Suisse. Ils ont déjà commencé à le faire. Et je sais le danger que cela représente, car si l'on commence à jeter des cailloux sur les premiers de cordée, c'est toute la cordée qui dégringole.

Le problème est que ce n'est pas le manque d'argent qui fait que les pauvres sont pauvres mais c'est leur caractère qui les a faits tels et il est impossible de n'y rien changer. Ils resteront pauvres tant qu'ils ne décideront pas de prendre leur avenir en main et d'arrêter de vivre sur le dos des autres. Mon objectif est avant tout d'éviter que les riches ne partent de France. Je supprimerai donc l'ISF en le transformant en impôt sur la rente immobilière et j'exonérerai tout ce qui finance l'économie réelle afin de libérer les énergies et donner l'envie à chacun de devenir milliardaire. Je suis pour la société liquide. Rien ne doit faire obstacle à la fluidité universelle. Il faut des individus émancipés de tous liens, qu'ils soient mobiles pour s'adapter aux évolutions économiques. Je suis convaincu qu'on peut rebâtir, si nous arrivons à créer une société ouverte. Ça veut dire mettre fin aux corporatismes, aux formes de régulation. C'est une société où il y aura des opportunités, mais également du risque.

Emmanuel Macron insistait sur le concept de mobilité et, en ce sens, se démarquait de son prédécesseur, surnommé capitaine de pédalo. Pour Emmanuel Macron, le titre de capitaine de pirogue, en référence au mythe mélanésien développé par Joël Bonnemaison, est plus approprié (même si notre président a, semble-t-il, une préférence pour le kwassa-kwassa). Chaque homme est tiraillé entre deux besoins : le besoin de la pirogue (le départ, le mouvement) et le besoin de l'arbre (la stabilité, l'enracinement, l'identité). L'arbre, c'est solide et ça rassure. Comme le chantait Brassens, qui était un homme des arbres : « Auprès de mon arbre, Je vivais heureux, J'aurais jamais dû m'éloigner de mon arbre. » Emmanuel Macron, de nature plus voyageuse, préfère la musique électro à Brassens. Mais la pirogue, si elle peut vous emmener aussi loin que vous mènent vos rêves, peut également vous couler.

Emmanuel Macron, en homme des pirogues, aime la mobilité, d'où son amour inconditionnel des start-ups. En effet, ce qui caractérise le mieux l'esprit start-up est le mouvement. Les idées, les projets, les prises de décision, tout y est soumis à un flux constant, à un mouvement perpétuel qui a envoûté notre président comme le chant des sirènes. Ministre, il avait lancé les « cars Macron ». S'il devient président, il passera à la vitesse supérieure en s'attaquant à l'immobilier (la propriété d'une maison ou d'un appartement ayant tendance à « stabiliser »), sous le fallacieux prétexte d'une « préférence pour le risque face à la rente ». Venant d'un haut fonctionnaire (payé par l'impôt), cette remarque relève d'un certain culot.

Sous couvert de mobilité et de préférence pour le risque, Macron veut préserver la rente du capital. Comme la pirogue, le capital est mobile. Alors vous devez être mobile. Être locataire de tout, vous adapter rapidement et accompagner le mouvement. Tout doit circuler sans entrave, sans contrainte. Tout doit ruisseler (en référence à la fameuse théorie du ruissellement pour justifier un laisser-faire du marché). La réussite du premier de cordée (classe supérieure) devait bénéficier aux derniers de cordée (classes moyennes et populaires) considérés par Macron comme des catégories protégées, attendant trop de la société et mettant en avant leurs droits sociaux. Il entendait y mettre un terme. Du reste, les classes moyennes et populaires l'intéressent peu car elles sont reléguées sur des territoires qu'il fréquente peu.

Les gens des pirogues veulent toujours voir si l'herbe est plus verte ailleurs, rechercher une meilleure situation et penser qu'ils la trouveront. Et vogue la galère. Les gens des pirogues pensent qu'une vie passée près de son arbre est une vie gâchée. Aveuglés par leur mépris, ils cherchent à couper les racines des gens des arbres. En même temps, sans racines, pas d'arbre. Et sans arbre, pas de pirogue. L'arbre constitue la base de la pirogue qui permet de ne pas s'égarer. « Auprès de mon arbre, Je vivais heureux, J'aurais jamais dû, Le quitter des yeux ».

*

Je posai ma deuxième question : Comment comptez-vous gouverner ?

Nous avons besoin d'un nouveau souffle. La droite et la gauche se sont discréditées. Elles n'existent plus. Si je suis élu président de la République, je prends l'engagement de former un gouvernement avec des personnalités de qualité, d'où qu'elles viennent, pourvu qu'elles soient compétentes. Le monde se divise en deux catégories : progressistes et conservateurs. Je suis la seule alternative crédible : « there is no other alternative ! ». Il y a une candidate à battre, elle a un projet nationaliste et conservateur. Nous, nous avons un projet patriote et progressiste. J'arriverai au pouvoir de manière légale, à la suite de quoi c'est l'institution présidentielle qui dominera. Le parlement sera aux ordres du gouvernement et votera ses lois. Je gouvernerai par décrets et par ordonnances. Ce sera le retour aux fondamentaux de la Cinquième. Je fonderai un État technocratique, de la plus basse à la plus haute instance, conçu par et pour les technocrates. Les décisions politiques doivent reposer sur des critères scientifiques et techniques. Je restaurerai responsabilité et autorité en haut, discipline et obéissance en bas. La République, moi j'ai rien contre, à condition que je sois le roi. L'absence de la figure symbolique du roi a créé un vide dans la vie politique française. Je centraliserai tous les pouvoirs. Un pouvoir fort est un pouvoir qui choisit ses batailles. Je ne crois pas à un État qui chercherait à traiter tous les sujets. Par contre je crois à la verticalité du pouvoir. Il y a des décisions à prendre, il faut les avoir expliquées, avoir la pleine légitimité pour agir. Je crois à la verticalité, mais ni à la brutalité, ni à l'énervement ou à l'autoritarisme. En ce sens, je suis gaulliste. Mais c'est bien l'une des rares ressemblances que je vois avec de Gaulle, ce lépreux populiste. Car il faut se méfier du peuple qui est dépourvu de tout jugement, et tributaire de ses passions tristes. Il faut savoir le flatter en adaptant ses discours suivant son auditoire, et avancer masqué. On ne sort de l'ambiguïté qu'à ses dépens. C'est ça le système démocratique. Si vous êtes impopulaire, vous ne serez jamais élu. Du reste, la démocratie s'exerce très bien sans le peuple. Les classes populaires doivent régler leur horloge sur la classe dominante. La démocratie est une forme de gouvernement heureuse, mais davantage adaptée aux périodes stables. Or nous entrons dans une période instable.

Le constat est sans appel. Nous vivons dans un pays qui s'appauvrit de plus en plus. La compétition internationale a été perdue depuis longtemps. Il ne reste plus que les vestiges d'un passé glorieux, mais que l'on apprend aux jeunes générations à détester et à en avoir honte. La classe politique reste aveuglée par un seul et unique programme : l'Europe, l'Europe, l'Europe, qui a pu être construite à une époque où la population française n'y prêtait pas attention. Mais à mesure que le temps a passé, les inconvénients ont sauté au visage, et il n'est plus possible de cacher la poussière sous le tapis. Car ce projet s'est construit contre l'avis des peuples. N'est-ce pas Valérie Giscard d'Estaing qui déclarait en 1992 lors du référendum de Maastricht que ce projet était trop complexe pour être soumis au vote ? Les Français ont voté non au référendum sur la constitution européenne en 2005. Le projet a tout de même été entériné par le Congrès, contre l'avis du peuple. Depuis ce jour, il n'y a plus de démocratie en France.

*

Je posai ma troisième question : Quelle est votre vision de la France ?

Après tout, qu'est-ce qu'une communauté ? Pour moi, c'est un corps fictif composé de la somme des individus qu'il comprend. Alors comment permettre à l'horlogerie sociale de fonctionner correctement ? Grâce au marché. Ma vision de la France est une grande Marketplace. Des acheteurs et des vendeurs, proposant des services, des produits, du travail. L'économie, le numérique, l'innovation sont ce qu'il y a de plus important. Ma priorité reste avant tout la croissance du PIB. Et si le prix à payer passe par le sacrifice de la classe moyenne sur l'autel de la mondialisation, et bien ce sacrifice vaut la peine d'être fait. En tant que responsables politiques, nous devons donc bâtir un champ juridique stable. La main invisible est la seule forme de lien social qui fonctionne. Seul le marché permet aux hommes d'échanger sans avoir à s'aimer ni même se parler. C'est la seule politique possible. Nous devons embrasser la mondialisation qui est culturellement uniformisatrice. Ce qui était considéré comme solide et durable comme l'école ou le mariage, qui ont structuré la société, sont amenés à disparaître. Je ne crois pas à la culture mais au Droit qui doit éviter aux individus de rentrer en conflit. Pour moi il n'y a pas de vie commune, de destin commun, il n'y a que des individualités qu'il faut contenter. Le monde ancien s'effondre plus vite que je ne l'avais prévu. Ralentir sa chute serait inutile car elle est inéluctable. Je suis là pour l'accompagner et l'accélérer. Notre monde bascule et ça se passe maintenant !

Emmanuel Macron n'a pas de vision pour la France (« il n'y a pas de culture française »), ou plutôt si, une vision communautariste et ubérisée. Pour Macron il y d'abord le Droit, puis la République et, en dernier, la France.

Emmanuel Macron aurait pu faire sienne cette réflexion de Valérie Giscard d'Estaing : la France représente moins de 1 % de la population et du PIB mondial. Il faut donc voir plus grand. Emmanuel Macron regarde au-delà des frontières et admire le modèle danois qu'il voudrait voir appliquer en France. Dans l'imaginaire macronien, le Viking est aventureux tandis que le Gaulois est réfractaire au changement et ne voit pas plus loin que le bout de ses moustaches. Macron veut provoquer un « changement culturel » chez les Français et leur imposer un modèle : la mondialisation et la société multiculturelle, en affirmant que tout autre choix mènerait au chaos. Sauf que l'adoption des codes de la mondialisation devait conduire la classe moyenne à abandonner les modèles et les valeurs cimentant la société. Or les classes populaires veulent préserver leur capital social et culturel.

La nature ayant horreur du vide, Macron a repéré un espace où s'agiter. Il aurait sans doute trouvé sa place dans une période prospère et optimiste, mais il s'est trompé d'époque. Macron candidat aura contribué à la disparition des partis de gauche et de droite. S'il est élu, ce sera au tour des classes populaires de disparaître.

*

L'entretien touchant à sa fin, je posai ma dernière question : Quelle est votre vision de l'immigration ?

Il faut regarder les faits. Contrairement à ce que disent certains, nous ne sommes pas confrontés à une vague d'immigration. Quelques centaines de milliers par an, ce n'est pas ce que j'appelle un tsunami. Avec une population française de plus de soixante millions d'habitants, ce n'est franchement pas un sujet qui devrait nous inquiéter. Et pourtant.

Quelles sont les causes de cette immigration ? Il y a tout d'abord le regroupement familial, dans des conditions qui sont largement dictées par les engagements internationaux de la France et la Convention européenne de sauvegarde des droits de l'Homme. Il reste marginal et doit être préservé. Il y a également les étudiants. Notre pays demeure dans le top 3 mondial de l'accueil des étudiants étrangers : c'est une chance et une fierté !

Ces mouvements migratoires comptent aussi les demandeurs d'asile, dont le nombre a certes un peu augmenté mais dans des proportions qui n'ont rien de comparable à ce que l'on constate chez nos voisins.

De surcroît, l'immigration se révèle une chance d'un point de vue économique. Contrairement à ce que j'entends de plus en plus, l'immigration n'est pas un coût, mais un bénéfice pour l'État comme pour les entreprises. Les pays qui ont un fort taux d'immigration bénéficient d'une croissance supérieure. Les immigrés sont souvent jeunes, en bonne santé, et n'hésitent pas à faire des petits boulots méprisés. Dans ce cas, la connaissance du français n'est pas vraiment indispensable.

L'immigration est aussi une chance culturelle. Quand on sait les intégrer, les former, les immigrés renouvellent notre société. Le problème ne vient donc pas de l'immigration en tant que telle mais de l'intégration. Si elle ne fonctionne plus c'est parce que ces populations sont concentrées dans les mêmes quartiers. Alors si nous voulons surmonter le problème, nous devons assurer la mobilité économique et sociale.

La France doit être à la hauteur de sa tradition historique et prendre sa juste part dans l'accueil des réfugiés, car la politique d'accueil n'a pas toujours été à la hauteur de notre tradition humanitaire sur les dernières années. Je ne suis pas de ceux qui font du rejet de l'immigration leur fonds de commerce et qui attribuent aux étrangers tous les maux de la terre.

Le devoir de l'Europe et de la France est d'offrir l'asile à ceux qui le demandent. Il est aussi d'aider à traiter les causes des mouvements migratoires comme les désordres climatiques. Les grandes migrations sont causées par le changement climatique. La *menace qui nous guette n'est pas le grand remplacement mais le grand réchauffement.*

Emmanuel Macron n'incarne rien de nouveau sur l'immigration. Il est la continuité des discours de François Hollande et de Nicolas Sarkozy, en ce sens qu'il ne peut envisager la régulation de l'immigration sans passer par l'Europe, qui confie à la Turquie le soin de superviser son invasion. Or la France doit reprendre le droit à maîtriser la composition de sa population si elle veut empêcher sa disparition. Mais Emmanuel Macron voit la France comme une grosse Bavière désindustrialisée au sein d'un nouvel Empire germanique, dans lequel pullule une multitude d'enclaves islamistes. Emmanuel Macron est favorable à une Europe allemande qui impose ses règles à tous, car c'est la mécanique même de la monnaie unique qui renforce inévitablement la puissance économique la plus forte de la zone. La prime au gagnant en quelque sorte.

Emmanuel Macron ne pense pas un seul instant aux difficultés que pose l'immigration aux classes populaires. Les « élites » urbaines bien-pensantes sont favorables à une immigration dont elles seraient protégées (où habitent-elles, où sont scolarisés leurs enfants?) et dont en même temps elles profitent. En revanche, les classes populaires sont en concurrence avec les étrangers pour obtenir un emploi, un logement social, une place en crèche. Ce sont les plus défavorisés qui paient le plus lourd tribut à l'immigration de masse.

Il faut se remémorer les craintes de George Marchais, alors Premier secrétaire du PCF, qui déclarait il y a quarante ans déjà que le coût de l'immigration était supporté par les communes les plus pauvres, et encouragée par les patrons car permettant d'exercer une pression à la baisse sur les salaires. Réguler les frontières, c'est défendre les plus faibles, en équilibrant le marché du travail et en empêchant la concentration des immigrés dans des quartiers qui font sécession avec la France. Le grand remplacement n'est ni un mythe ni un complot mais un processus inexorable.

Chapitre V

Macron arrivera-t-il au pouvoir ? La question mérite d'être posée. Après tout, Macron et les siens peuvent-ils arriver au pouvoir en emportant le premier tour d'une élection, avec seulement un quart des votants, ce qui représente l'adhésion de moins d'un Français sur huit ? Macron a réussi à rallier à son mouvement les centristes mais il n'a pas glané beaucoup de votes aux partis des travailleurs. Macron n'a pas réussi non plus à séduire l'électorat du solide centre catholique, acquis au candidat de la droite. Alors ce sera lui qui dirigera, seul, avec à ses côtés non pas des ministres expérimentés mais des novices. Le noyau dur et les premiers salariés d'En Marche sont tous issus du ministère de l'économie, ce vivier d'énarques. Un beau gage de diversité. Sa garde rapprochée se compose de « DSK boys » revanchards, soutenus par de vieux politicards.

Macron, c'est l'esprit start-up. Il a fait un diagnostic : les électeurs veulent rompre avec un système qui a été incapable de réformer le pays. Il a défini un « business plan » pour répondre au besoin de renouvellement de l'offre politique. Persuadé que cette élection ne serait pas semblable aux autres, il a parié comme un joueur de poker en jouant la carte de l'homme providentiel.

Chapitre VI

Au fond, qu'y-a-t-il donc chez cet homme pour qu'il réussisse à attirer tout un pays à lui ?

Il dispose de plusieurs atouts dans sa manche: un sourire de jeune premier, un parcours brillant, un tempérament le poussant à la transgression, un talent de publicitaire. Mais il a aussi ce côté enfantin qui agace. On sent qu'il cherche davantage à plaire qu'à dessiner une ligne forte.

Son cerveau fonctionne comme un espace de coworking, où Margaret Thatcher et Ronald Reagan côtoieraient Jacques Derrida. Il est difficile de donner une définition du macronisme, que l'on pourrait qualifier de mélange hétéroclite et indigeste de darwinisme et de progressisme. Le darwinisme en ce qui marche survit, et ce qui ne marche pas meurt. En Marche ou crève. Le progressisme comme illusion selon laquelle chaque pas est forcément un pas dans la bonne direction. Et c'est bien connu, on n'arrête pas le progrès. Comme le disait Michel Audiard, « un intellectuel assis va moins loin qu'un con qui marche. »

Emmanuel Macron se croit plus intelligent et travailleur que la moyenne des Français. Il est convaincu que si les autres étaient capables de faire autant d'efforts que lui pour bien apprendre leurs leçons à l'école et travailler avec acharnement, ils pourraient eux aussi devenir riches et prospères à défaut de devenir président de la République.

Un grand nombre de Français semble attiré par Macron. Elle est loin l'image de l'épouvantail interprété sur scène par le bouillant Emmanuel dans sa jeunesse. Son positionnement, ni droite ni gauche, suscite l'adhésion.

Les bourgeois, les habitants des grandes métropoles, les élites mondialisées, n'ont pas de problème avec l'immigration car ils ne font que la croiser. Les classes populaires, elles, les victimes de la mondialisation, vivent avec. Macron a fait la synthèse des bourgeoisies de gauche et de droite. Il faut désormais faire la synthèse entre les classes populaires et la bourgeoisie de droite.

Son mouvement « En marche » se veut au-dessus des partis. Trans-partisan, donc. Vaste programme, que l'on ne connaît pas, excepté l'une de ses propositions en matière de santé qui est un remboursement intégral des prothèses auditives. Emmanuel Macron n'aura donc plus besoin de casser sa voix pour se faire entendre. Comment oublier également que ce candidat prétendu « antisystème » a été conseiller et ministre d'un gouvernement qui a fait exploser à la hausse la dette et le chômage. Emmanuel Macron est une supercherie. Sa belle-famille est réputée, paraît-il, pour ses macarons. En votant Macron, les Français risquent d'être chocolat.

Chapitre VII

La tragédie de Macron, c'est d'avoir connu trop vite une forte ascension. Il ne jure que par les grandes organisations, les banques et les consortiums, qui lui apportent leur soutien. S'il est élu, il sera fort avec les faibles et faibles avec les forts. Il paraît évident que son programme ne répondra pas aux attentes des classes populaires et des classes moyennes car, pour Emmanuel Macron, les gens normaux ne parlent pas d'immigration et d'identité, ils parlent de philosophie.

Avec de Gaulle se dégageait le sentiment que la France était unique. Avec Macron tout rentrera dans le rang. Macron est un séducteur qui a raté son rendez-vous avec l'histoire. Le 10 novembre 1970, George Pompidou annonçait : « Françaises, Français, le général de Gaulle est mort, la France est veuve. » Cinquante ans plus tard, elle ne s'est toujours pas remariée. Il n'y a plus de grands présidents mais des comptables. Hollande moquait les sans-dents. Macron leur fera porter un masque non pour dissimuler cette disgrâce physique mais pour les faire taire, au risque de transformer les Français en sans-culottes et de raviver un esprit de coupeurs de têtes. Emmanuel Macron veut montrer qu'il a réussi, qu'il a bien toutes ses dents, et compte nous en faire profiter, tel le chat du Cheshire dans le roman Alice au pays des merveilles de Lewis Carroll. Mais que nous cache-t-il derrière ce sourire de façade ? Sait-il déjà les sombres années qui s'annoncent pour le pays ? On dirait qu'il sait déjà ce qui nous attend. Et il nous regarde en souriant, encore et toujours, puisqu'il se rit de tout.

FIN

Du même auteur

Le grand saigneur, 2019, JDH éditions